인성교육을 위한 청소년 인문학 글쓰기

四字小學
사자소학 필사노트

인성교육을 위한 청소년 인문학 글쓰기
四字小學 사자소학 필사노트

6쇄 발행   2024년 7월 24일

지은이   시사정보연구원
발행인   권윤삼
발행처   도서출판 산수야

등록번호   제1-1515호
주소   서울시 마포구 월드컵로 165-4
우편번호   03962
전화   02-332-9655
팩스   02-335-0674

ISBN 978-89-8097-405-4   43190

父生我身하시고 母鞠吾身이로다.
腹以懷我하시고 乳以哺我로다.
以衣溫我하시고 以食飽我로다.
恩高如天하시고 德厚似地로다.

言語必愼하고 居處必恭하라.
始習文字이어든 字劃楷正하라.
父母之年은 不可不知이느니라.

行勿慢步하고 坐勿倚身하라.
勿立門中하고 勿坐房中하라.

飮食雖惡이라도 與之必食하고
衣服雖惡하더라도 與之必着하느니라.
衣服帶鞋는 勿失勿裂하라.
寒不敢襲하고 暑勿寒裳하라.

爲人子者가 曷不爲孝리오.
欲報深恩이나 昊天罔極이로다.
父母呼我시면 唯而趨進이니라.
父母之命이시든 勿逆勿怠하라.

昏必定褥하고 晨必省候하라.
父母愛之이시어든 喜而勿忘하라.
父母責之어시든 反省勿怨하라.

侍坐親前하고 勿踞勿臥하라.
對案不食이시어든 思得良饌하라.
父母有病이시어든 憂而謀療하여라.
裹糧以送이면 勿懶讀書하라.

口勿雜談하고 手勿雜戲하라.
若告西適하고 不復東征하라.
出必告之이어든 返必拜謁하라.
立卽視足하고 坐卽視膝하라.

인성교육을 위한
청소년 인문학 글쓰기

사자소학
필사노트

시사정보연구원 지음

四字

小學

시시패스
SISAPASS.COM

인성교육을 위한 청소년 인문학의 보고『사자소학』

요즘 인성교육이란 말을 흔히 듣습니다. 건전하고 올바른 인성을 갖춘 시민을 육성하여 국가 사회의 발전에 이바지함을 목적으로 하는 인성교육법이 시행되고 있기 때문이기도 합니다.

교육현장에서 강조하고 있는 인성교육이란 무엇을 말하는 것일까요?

인성교육이란 자신의 내면을 가꾸고 타인이나 공동체와 더불어 살아가는 데 필요한 역량을 기르는 교육을 말해요. 즉, 우리 내면에 살아 있는 양심을 온전히 계발하여, 언제 어디서나 당면한 문제를 적극적으로 해결하는 '양심적 리더'를 키워내는 것이지요.

인간은 기본적으로 양심과 욕심을 타고납니다. 우리는 양심을 갖고 태어나기 때문에 타인의 마음에 공감할 수 있고, 잘못된 것을 보면 부당하다고 여기며, 옳고 그름을 판단하고, 무엇이 무례한지, 무엇이 아름다운지를 파악할 수 있습니다. 이런 능력은 우리의 내면에 내재되어 있다가 적정한 나이가 되면 드러납니다.

"양심의 명령을 따르는 것이 최고의 인성교육이다."라고 합니다. 이 말이 대변하듯이 우리는 인문학의 지혜를 통해 '양심적 리더'로 성장할 수 있답니다. 우리가 인문학을 공부하는 것은 우리의 내면에 내재되어 있는 양심을 계발하기 위해서지요.

인성교육을 의무로 규정한 인성교육진흥법이 실행되었습니다. 왜 인성교육법이 만들어졌을까요? 왜 우리 사회의 중요한 화두가 되었을까요? 우리 주변, 사회 곳곳에서 일어나고 있는 폐해가 인성교육의 부재에서 나온다는 결론에 다다른 것입니다. 학생들은 집단 따돌림과 폭력에 시달리다가 극단적인 선택을 하게 되는 일들이 종종 발생합니다. 모든 관심사들이 대학을 목표로 오로지 공부만 중요시했기 때문이며, 인성교육을 소홀히 했다는 자성의 목소리가 나오면서 인성교육의 필요성이 대두된 것입니다.

내가 무엇을 좋아하고 잘하는지, 어떤 것에 흥미가 있는지, 어떤 삶을 꿈꾸는지, 어떤 사람이 되기를 원하는지 등을 구체적으로 탐구하면서 자신을 되돌아볼 시간이 필요합니다. 자신이 진정으로 원하는 삶과 꿈을 찾기 위해서는 무엇보다 자신을 먼저 알아야 합니다. 자신을 알아가는 과정이 바로 인성교육의 첫걸음이기도 하지요. 타고난 양심을 제대로 계발하려면 학습이 필요합니다. 교과과정에서 깊이 있게 배울 수 없는 것들을 탐구하고 학습하는 것이 필요하지요. 우리의 내면을 알게 하고 생각을 깊고 넓게 하는 학문 중 대표적인 것이 바로 인문학입니다. 널리 쓰이고 있는 문사철(文史哲)이란 문학, 역사, 철학을 아울러 이르는 말로 인문학이라고 분류되는 대표 학문을 말하며, 지성인이 기본적으로 갖추어야 하는 교양을 의미합니다.

청소년들의 인문학적 소양을 갖추기 위해 본사는 인성교육을 위한 청소년 인문학 글쓰기 사자소학 필사노트를 출간하게 되었습니다. 사자소학은 옛날 서당에서 가장 먼저 배우던 기초 학습서로 주희의 소학과 여러 경전의 내용을 알기 쉽게 네 글자로 편집하여 만들었다고 합니다. 바른 자세와 마음가짐, 반드시 지켜야 할 생활 규범과 어른을 공경하는 법 등을 구체적이고 자세하게 가르치고 있는 사자소학은 생활 도덕 교재로 중요한 가치를 지니고 있답니다.

사자소학에는 부모에게 어떻게 효도를 하는가, 형제자매는 어떻게 아껴야 하는가, 스승을 어떻게 섬기는가, 친구는 어떻게 사귀어야 하는가, 내 몸과 마음은 어떻게 닦아야 하는가 등을 담고 있을 뿐만 아니라 핵가족 시대에 소홀하게 취급하기 쉬운 예절과 인간관계, 이웃사랑 등을 일깨울 수 있어요.

이 책은 청소년들이 알고 실천해야 할 사자소학을 한자와 한글을 쓰면서 익힐 수 있도록 기획했답니다. 인문학의 중심이 되는 골자, 또는 요점이라고 불리는 내용들을 손으로 쓰면서 마음에 새길 수 있도록 만들었기 때문에 깊은 사고와 함께 바르고 예쁜 글씨도 덤으로 익힐 수 있어요. 옛 성인들의 말씀을 통하여 지식에 대한 흥미, 사회에 대한 흥미, 자신의 미래, 인간에 대한 이해와 통찰을 배우기를 희망합니다. 마음의 양식을 오랫동안 기억할 수 있도록 편집했으니 꼭 활용하여 내 것으로 만들어 보세요.

청소년 인성교육 사자소학 필사노트
이렇게 활용하세요!

* 사자소학은 인문학 최고의 지침서로 꼽는 책입니다. 인간관계와 일상의 예절, 이웃사랑 등을 일깨울 수 있는 인문학 최고의 지침서로 인정받는 책이 바로 『사자소학』이랍니다. 삶을 통찰하는 최고의 책으로 손꼽히니 여러분의 마음에 새겨서 자신의 것으로 만드는 것이 무엇보다 중요하답니다. 마음에 새겨 놓으면 어떤 일이 닥쳐왔을 때 지혜를 발휘할 수 있기 때문이지요.

* 매일매일 사자소학 문장을 하나씩 소리 내어 익혀봅시다. 스스로 학습 시간을 정해서 사자소학의 문장을 소리 내어 읽고 직접 손으로 쓰면서 마음에 새기도록 합니다. 우리의 생활에 꼭 필요한 내용들을 담고 있기 때문에 내면이 바르고 성숙한 인격체로 성장할 수 있도록 도와줍니다.

* 두뇌 발달과 사고력 증가, 집중력 강화에 좋아요. 우리의 뇌에는 손과 연결된 신경세포가 가장 많습니다. 손가락을 많이 움직이면 뇌세포가 자극을 받아 두뇌 발달을 돕게 됩니다. 어르신들의 치료와 질병 예방을 위해 손가락 운동을 권장하는 것도 뇌를 활성화시키기 위해서랍니다. 많은 연구자들의 결과가 증명하듯 글씨를 쓰면서 학습하면 우리의 뇌가 활성화되고 기억력이 증진되어 학습효과가 월등히 좋아진답니다.

* 혼자서도 맵시 있고, 단정하고, 예쁘고 바른 글씨체를 익힐 수 있습니다. 사자소학의 문장을 쓰다 보면 삐뚤빼뚤하던 글씨가 가지런하고 예쁜 글씨로 바뀌게 된답니다. 글씨는 예부터 인격을 대변한다고 하잖아요. 명언을 익히면서 가장 효율적인 학습효과를 내는 스스로 학습하는 힘을 길러줌과 동시에 단정하고 예쁜 글씨를 쓸 수 있도록 이끌어 줄 거예요.

★ 한자의 형성 원리

1. 상형문자(象形文字) : 사물의 모양과 형태를 본뜬 글자

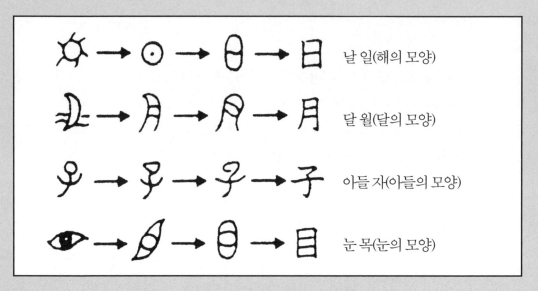

☼ → ⊙ → 日 → 日	날 일(해의 모양)
→ 月 → 月 → 月	달 월(달의 모양)
→ → → 子	아들 자(아들의 모양)
→ → → 目	눈 목(눈의 모양)

2. 지사문자(指事文字) : 사물의 모양으로 나타낼 수 없는 뜻을 점이나 선 또는
　　　　　　　　　　 부호로 나타낸 글자

∴ → ⊥ → → 上	위 상(위를 뜻함)
→ → → 中	가운데 중(가운데를 뜻함)
→ T → → 下	아래 하(아래를 뜻함)
木 → 本 → → 本	근본 본(뿌리를 뜻함)

3. 회의문자(會意文字) : 이미 만들어진 글자를 2개 이상 합한 글자

  人(사람 인) + 言(말씀 언) = 信(믿을 신) : 사람의 말은 믿는다.

  田(밭 전) + 力(힘 력) = 男(사내 남) : 밭에서 힘써 일하는 사람.

  日(날 일) + 月(달 월) = 明(밝을 명) : 해와 달이 밝다.

  人(사람 인) + 木(나무 목) = 休(쉴 휴) : 사람이 나무 아래서 쉬다.

4. 형성문자(形聲文字) : 뜻을 나타내는 부분과 음을 나타내는 부분을 합한 글자

  口(큰입 구) + 未(아닐 미) = 味(맛볼 미)   左意右音 좌의우음

  工(장인 공) + 力(힘 력) = 功(공 공)   右意左音 우의좌음

  田(밭 전) + 介(끼일 개) = 界(지경 계)   上意下音 상의하음

  相(서로 상) + 心(마음 심) = 想(생각 상)   下意上音 하의상음

  口(큰입 구) + 古(옛 고) = 固(굳을 고)   外意内音 외의내음

  門(문 문) + 口(입 구) = 問(물을 문)   内意外音 내의외음

5. 전주문자(轉注文字) : 있는 글자에 그 소리와 뜻을 다르게 굴리고(轉)

                    끌어내어(注) 만든 글자

  樂(풍류 악) → (즐길 락 · 좋아할 요)   예) 音樂(음악), 娛樂(오락)

  惡(악할 악) → (미워할 오)   예) 善惡(선악), 憎惡(증오)

  長(긴 장) → (어른 · 우두머리 장)   예) 長短(장단), 課長(과장)

6. 가차문자(假借文字) : 본 뜻과 관계없이 음만 빌어 쓰는 글자를 말하며 한자의 조사,

                    동물의 울음소리, 외래어를 한자로 표기할 때 쓰인다.

  東天紅(동천홍) → 닭의 울음소리

  然(그럴 연) → 그러나(한자의 조사)

  亞米利加(아미리가) → America(아메리카)

  可口可樂(가구가락) → Cocacola(코카콜라)

  弗(불) → $(달러, 글자 모양이 유사함)

  伊太利(이태리) → Italy(이탈리아)

  亞細亞(아세아) → Asia(아세아)

★ 한자 쓰기의 기본 원칙

1. 위에서 아래로 쓴다.
   言(말씀 언) → ` ` ` 言 言 言 言
   雲(구름 운) → ` ` ` 声 重 雷 雷 雪 雲 雲

2. 왼쪽에서 오른쪽으로 쓴다.
   江(강 강) → ` ` ` ` 江 江 江
   例(법식 예) → ` ` ` ` 侈 侈 例 例

3. 가로획과 세로획이 겹칠 때는 가로획을 먼저 쓴다.
   用(쓸 용) → ` 几 月 月 用
   共(함께 공) → 一 十 艹 共 共 共

4. 삐침과 파임이 만날 때는 삐침을 먼저 쓴다.
   人(사람 인) → ノ 人
   文(글월 문) → ` ` 广 文

5. 좌우가 대칭될 때에는 가운데를 먼저 쓴다.
   小(작을 소) → ` 小 小
   承(받들 승) → ` 了 子 手 手 承 承 承

6. 둘러 싼 모양으로 된 자는 바깥쪽을 먼저 쓴다.
   同(같을 동) → ` 几 冂 同 同 同
   病(병날 병) → ` ` 广 广 广 疒 疒 病 病 病

7. 글자를 가로지르는 가로획은 나중에 긋는다.
   女(여자 녀) → ` ` 女
   母(어미 모) → ` 母 母 母 母

8. 글자 전체를 꿰뚫는 세로획은 나중에 쓴다.
   車(수레 거) → 一 厂 戸 百 亘 車
   事(일 사) → 一 厂 戸 百 亘 亭 事 事

9. 책받침(辶, 廴)은 나중에 쓴다.

近(원근 근) → 〈 ﾉ ﾉ 斤 ﾌ斤 沂 近

建(세울 건) → ㄱ ㄱ ㅋ ㅋ ㅋ 聿 聿 律 建

10. 오른쪽 위에 점이 있는 글자는 그 점을 나중에 찍는다.

犬(개 견) → 一 ナ 大 犬

成(이룰 성) → 丿 厂 F 斤 成 成 成

■ 한자의 기본 점(點)과 획(劃)

  (1) 점

    ① 「丿」: 왼점   ② 「丶」: 오른점

    ③ 「丷」: 오른 치킴   ④ 「丿」: 오른점 삐침

  (2) 직선

    ⑤ 「一」: 가로긋기   ⑥ 「丨」: 내리긋기

    ⑦ 「一」: 평갈고리   ⑧ 「亅」: 왼 갈고리

    ⑨ 「レ」: 오른 갈고리

  (3) 곡선

    ⑩ 「丿」: 삐침   ⑪ 「✓」: 치킴

    ⑫ 「丶」: 파임   ⑬ 「辶」: 받침

    ⑭ 「亅」: 굽은 갈고리   ⑮ 「乀」: 지게다리

    ⑯ 「乚」: 누운 지게다리 ⑰ 「乚」: 새가슴

少②	火④	主	伸	揮⑦	表
① ③	③	⑤	⑥	⑧	⑨
冷⑩ ⑫	送	乎	式	忠	兄
⑪	⑬	⑭	⑮	⑯	⑰

父生我身하시고 母鞠吾身이로다.
부 생 아 신 　　　 모 국 오 신

아버지는 내 몸을 낳게 하시고 어머니는 내 몸을 기르셨다.

父				
아비 부	' ハ グ 父			
生				
날 생	ノ ト 七 牛 生			
我				
나 아	' 二 于 手 我 我			
身				
몸 신	' 亻 门 自 自 身 身			

母				
어미 모	乀 乄 夂 夊 母			
鞠				
기를 국	一 廿 廿 苩 莒 革 革 靪 靪 靮 鞠 鞠			
吾				
나 오	一 丆 五 五 吾 吾 吾			
身				
몸 신	' 亻 门 自 自 身 身			

腹以懷我 하시고 乳以哺我 로다.
복 이 회 아　　　유 이 포 아

배로써 나를 품으시고 젖으로써 나를 먹여 주셨다.

腹	腹					
배 복	） 刀 月 扩 胪 腹 脂 脂 腹 腹					
以	以					
써 이	） 以 以 以					
懷	懷					
품을 회	） ） 忄 忄 忭 忤 忤 悚 悚 悚 懷 懷					
我	我					
나 아	） 二 于 手 我 我 我					

乳	乳					
젖 유	） ） 乎 乎 乎 乳 乳					
以	以					
써 이	） 以 以 以					
哺	哺					
먹을 포	） ） 口 吓 咁 咁 哺 哺					
我	我					
나 아	） 二 于 手 我 我 我					

13

以衣溫我하시고 以食飽我로다.
이 의 온 아   이 식 포 아

옷으로써 나를 따뜻하게 입히시고 음식으로써 나를 배부르게 하셨다.

以				
써 이	ㅣ 乚 ㇄ 以 以			

衣				
옷 의	㇀ 一 ㇇ 亡 衣 衣			

溫				
따뜻할 온	氵 氵 沪 沪 泗 溫 溫 溫			

我				
나 아	㇀ 二 于 乎 我 我 我			

以				
써 이	ㅣ 乚 ㇄ 以 以			

食				
밥 식	人 亼 今 今 今 食 食			

飽				
배부를 포	㇒ 亼 今 旬 自 旬 飣 飽 飽			

我				
나 아	㇀ 二 于 乎 我 我 我			

恩高如天하시고 德厚似地로다.
은 고 여 천   덕 후 사 지

은혜는 높기가 하늘과 같고 덕은 두텁기가 땅과 같구나.

恩	恩			
은혜 은	丨冂冃冃因因恩恩			
高	高			
높을 고	丶亠亠高高高高			
如	如			
같을 여	乚夕女如如如			
天	天			
하늘 천	一二于天			

德	德			
덕 덕	彳彳彳彳彳徳徳徳徳			
厚	厚			
두터울 후	一厂厂厍厚厚厚厚			
似	似			
같을 사	丿亻亻亿似似			
地	地			
땅 지	一十土圹地地			

15

爲人子者가 曷不爲孝리오.
위 인 자 자 갈 불 위 효

자식 된 자로서 어찌 효도를 하지 않겠는가?

爲				
할 위	`´ ´´ ´´ ´´ ´´ 爲 爲 爲`			
人				
사람 인	`丿 人`			
子				
아들 자	`フ 了 子`			
者				
놈 자	`一 十 土 少 老 者 者 者`			

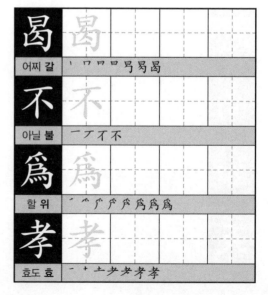

曷				
어찌 갈	`丨 冂 冂 日 号 昜 曷`			
不				
아닐 불	`一 丆 才 不`			
爲				
할 위	`´ ´´ ´´ ´´ ´´ 爲 爲 爲`			
孝				
효도 효	`一 十 土 少 老 考 孝`			

欲報深恩이나 昊天罔極이로다.
욕 보 심 은　　　　호 천 망 극

깊고 깊은 은혜를 갚고자 하나 넓은 하늘과 같아 다함이 없도다!

欲	欲
하고자 할 욕	′ ′′ ′′ ′′ ′′ ′′ ′′ ′′ 谷 谷 谷 欲 欲
報	報
갚을 보	一 十 土 吉 吉 吉 幸 幸 幸 郭 報 報
深	深
깊을 심	氵 氵 氵 汳 汳 深 深 深
恩	恩
은혜 은	丨 冂 冃 因 因 因 恩 恩

昊	昊
하늘 호	丨 冂 曰 旦 旦 昊 昊
天	天
하늘 천	一 二 千 天
罔	罔
없을 망	丨 冂 門 門 門 門 罔 罔
極	極
다할 극	一 十 才 才 才 朽 柯 柯 極 極 極

17

父母呼我시면 唯而趨進이니라.
부 모 호 아 　 　 유 이 추 진

부모가 나를 부르시면 곧 대답하고 달려갈지니라.

父					
아비 부	′ ′′ ′ 父				

母					
어미 모	ㄴ ㄴ 乜 乜 母				

呼					
부를 호	ㅣ ㅁ ㅁ 吖 吘 呼 呼				

我					
나 아	′ ′ 手 手 我 我 我				

唯					
오직 유	ㅁ 吖 吖 咘 咘 唯 唯				

而					
말이을 이	一 ㄱ ㄱ 丙 而 而				

趨					
달릴 추	一 十 土 丰 走 赴 赵 趄 趨 趨				

進					
나아갈 진	亻 亻 亻 作 隹 隹 谁 進				

父母之命이시든 勿逆勿怠하라.
부 모 지 명   물 역 물 태

부모님의 명은 거스르지도 말고 게을리도 말라.

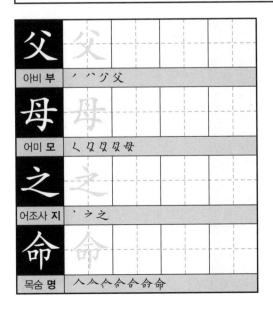

父				
아비 부	ノ ハ グ 父			

母				
어미 모	ㄴ ᄆ ᄆ ᄆ 母			

之				
어조사 지	丶 ㄱ 之			

命				
목숨 명	ㅅ ᄉ ᄉ 合 合 命 命			

勿				
말 물	ノ ᄼ ᄼ 勿			

逆				
거스를 역	丶 丷 ᄼ ᄽ 莒 弟 弟 逆 逆			

勿				
말 물	ノ ᄼ ᄼ 勿			

怠				
게으를 태	ᄼ ᄼ ᄼ 台 台 怠 怠			

19

侍坐親前하고 勿踞勿臥하라.
시 좌 친 전　　　　물 거 물 와

어버이 앞에 앉을 때에는 몸을 바르게 하고 걸터앉지도 눕지도 말라.

侍	侍			
모실 시	イ イ イ仁 仕 侍 侍 侍			

坐	坐			
앉을 좌	ノ 人 人 人 坐 坐 坐			

親	親			
친할 친	立 立 立 亲 亲 親 親 親 親 親			

前	前			
앞 전	丷 丷 十 前 前 前 前			

勿	勿			
말 물	ノ ク 勹 勿			

踞	踞			
걸터앉을 거	丨 口 卩 卩 尸 足 距 距 距 踞 踞			

勿	勿			
말 물	ノ ク 勹 勿			

臥	臥			
누울 와	一 丆 丆 臣 臣 臥 臥			

對案不食이시어든 思得良饌하라.
대 안 불 식　　　　　　사 득 량 찬

밥상을 대하고 잡수시지 않으시거든 좋은 음식을 장만할 것을 생
각하라.

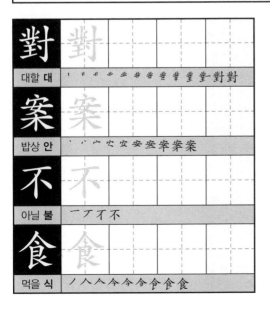

對	對				
대할 대	＇＂＂ㅗㅛㅛㅛㅛㅛㅛ對對				
案	案				
밥상 안	＇ㅗㅗ호호호호호호案				
不	不				
아닐 불	一ㄱ才不				
食	食				
먹을 식	ノ人人今今今食食食				

思	思				
생각할 사	ㅣㅁㅁ田田田思思				
得	得				
얻을 득	′彳彳彳彳得得得得				
良	良				
좋을 량	＇ㅋㅋㅋ皀良良				
饌	饌				
반찬 찬	ノ人人今今食食食食饌饌饌饌				

父母有病이시어든 憂而謀療하여라.
부 모 유 병　　　　우 이 모 료

부모가 병환이 있으시거든 근심하여 치료할 것을 꾀하여라.

父	父			
아비 부	⺊ ⺊ ⺀ 父			
母	母			
어미 모	⺀ ⺀ ⺀ 母 母			
有	有			
있을 유	ノ ナ ナ 冇 有 有			
病	病			
병 병	⺀ 广 广 疒 疒 疒 病 病 病			

憂	憂			
근심할 우	一 ⺊ 丆 百 百 直 憂 惪 惪 夢 憂			
而	而			
말 이을 이	一 ⺀ ⺀ 丙 而 而			
謀	謀			
꾀할 모	⺀ ⺀ ⺀ 言 訃 訃 訃 謀 謀 謀			
療	療			
병 고칠 료	⺀ 广 广 疒 疒 疒 疒 疾 療 療 療 療			

裹糧以送이면 勿懶讀書하라.
과 량 이 송　　　　물 라 독 서

양식을 싸서 보내면 독서하기를 게을리 말라.

裹	裹
쌀 과	一 亠 古 古 亩 亩 車 専 裏 裏 裹

糧	糧
양식 량	゛ 二 半 米 米 糁 粗 粗 糧 糧 糧 糧

以	以
써 이	） レ レ 以 以

送	送
보낼 송	八 亠 半 关 关 送 送

勿	勿
말 물	） 勺 勺 勿

懶	懶
게으를 라	， 忄 忄 忄 忄 忙 悰 悰 悰 懶 懶 懶

讀	讀
읽을 독	二 二 言 言 言 計 計 計 讀 讀 讀 讀 讀

書	書
책 서	ㄱ ㄱ ㅋ ㅋ ㅋ 書 書 書 書 書

23

口 勿 雜 談하고 手 勿 雜 戯하라.
구 물 잡 담　　　수 물 잡 희

입으로는 잡담을 하지 말고 손으로는 장난을 하지 말라.

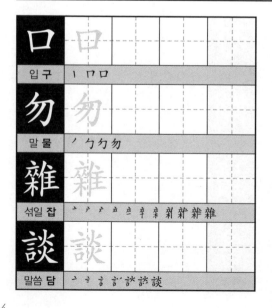

口				
입구	ㅣㄇㅁ			
勿				
말 물	ㅣㄅ勹勿			
雜				
섞일 잡	ㄐㄕ亠ㅊㅍ杂杂朵朵雜雜			
談				
말씀 담	ㄴ主言計談談談			

手				
손수	ㄧㄅㅌ手			
勿				
말 물	ㅣㄅ勹勿			
雜				
섞일 잡	ㄐㄕ亠ㅊㅍ杂杂朵朵雜雜			
戯				
희롱할 회	ㅣㅏㅑ广户卢虍虐虚虚虚虚戯戯戯			

若告西遊하고 不復東征하라.
약 고 서 유   불 부 동 정

만일 서쪽에서 논다 말씀 드렸으면 동쪽으로 가지 말라.

若			
만일 약	ˊ ̀ ̈ ̈ 艹 芋 芋 若 若		

告			
알릴 고	ˊ ̀ 屮 生 牛 告 告		

西			
서녘 서	一 冂 冂 丙 两 西		

遊			
놀 유	ˊ ̀ 方 扩 扩 芀 芀 游 游 遊		

不			
아닐 불	一 ̄ 丆 不		

復			
다시 부	ˊ ̀ 彳 彳 疒 彷 復 復 復		

東			
동녘 동	一 冂 冂 戸 申 車 東		

征			
갈 정	ˊ ̀ 彳 彳 彳 征 征 征		

25

出必告之이어든 返必拜謁하라.
출 필 고 지　　　　반 필 배 알

나갈 때는 반드시 아뢰고 돌아와서도 반드시 뵙고 아뢰어라.

出					
날 출	ㅣ ㅏ 屮 出 出				
必					
반드시 필	ㆍ ㇒ 必 必 必				
告					
알릴 고	ㆍ ㅏ ㅗ 生 告 告 告				
之					
갈 지	ㆍ ㇇ 之				

返					
돌아올 반	㇒ 厂 反 反 返 返 返				
必					
반드시 필	ㆍ ㇒ 必 必 必				
拜					
절 배	三 手 手 手 拜 拜 拜				
謁					
아뢸 알	二 言 言 謁 謁 謁 謁 謁				

立則視足하고 坐則視膝하라.
입 즉 시 족　　　좌 즉 시 슬

서서는 반드시 부모의 발을 보고 앉아서는 반드시 부모의 무릎을
보듯 하라.

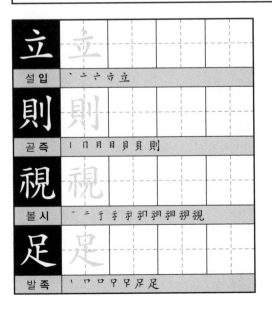

立	立			
설입	`丶二十立立`			
則	則			
곧즉	`丨冂月月貝貝則`			
視	視			
볼시	`丶二千示利利視視視`			
足	足			
발족	`丨口口口早足足`			

坐	坐			
앉을좌	`ノ人㐅㐅坐坐坐`			
則	則			
곧즉	`丨冂月月貝貝則`			
視	視			
볼시	`丶二千示利利視視視`			
膝	膝			
무릎슬	`丿月月月厂厂厃膝膝膝膝`			

27

昏必定褥하고 晨必省候하라.
혼 필 정 욕 　 　 신 필 성 후

저녁에는 이부자리를 살피고 새벽에는 반드시 문안을 살펴라.

昏	昏				
어두울 혼	⌐ ⌐ ⺁ 氏 昏 昏 昏				
必	必				
반드시 필	⺀ ⺎ 必 必 必				
定	定				
정할 정	⺀ 宀 宀 宁 定 定				
褥	褥				
요욕	⺀ ⺁ ⺂ 衤 衤 衤 袔 袎 袎 褥 褥 褥				

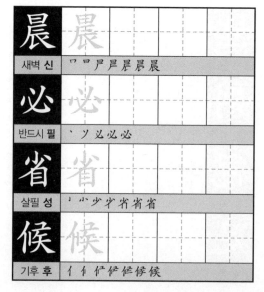

晨	晨				
새벽 신	⌐ ⌐ 尸 戽 晨 晨 晨				
必	必				
반드시 필	⺀ ⺎ 必 必 必				
省	省				
살필 성	⺀ 小 少 少 省 省 省				
候	候				
기후 후	⺅ ⺅ ⺅ 伫 俟 候 候				

父母愛之이시어든 喜而勿忘하라.
부 모 애 지　　　　　　희 이 물 망

부모가 나를 사랑하시거든 기뻐하여 잊지 말라.

父				
아비 **부**	`ノ ハ ゲ 父`			
母				
어미 **모**	`乚 乚 り 묘 母`			
愛				
사랑 **애**	`ノ ⺌ ⺍ ⺍ 恶 感 悉 愛 愛`			
之				
갈 **지**	`丶 ㇇ 之`			

喜				
기쁠 **희**	`一 十 士 吉 吉 吉 声 声 喜 喜`			
而				
말 이을 **이**	`一 丆 丆 而 而 而`			
勿				
말 **물**	`ノ 勹 勺 勿`			
忘				
잊을 **망**	`丶 亠 亡 忘 忘`			

父母責之어시든 反省勿怨하라.
부 모 책 지   반 성 물 원

부모가 나를 꾸짖으시거든 반성하고 원망하지 말라.

父				
아비 부	´ ハ ゲ 父			
母				
어미 모	ㄴ 乙 乃 夃 母			
責				
꾸짖을 책	二 圭 主 青 青 青 責			
之				
갈 지	` ㇌ 之			

反				
되돌릴 반	一 厂 反 反			
省				
살필 성	ノ 小 少 少 省 省 省			
勿				
말 물	ノ ㇆ 勺 勿			
怨				
원망할 원	ク タ ダ 夗 怨 怨 怨			

30

行勿慢步하고 坐勿倚身하라.
행 물 만 보   좌 물 의 신

걸음을 거만하게 걷지 말고 앉을 때에는 몸을 기대지 말라.

行			
다닐 행	′ ′ ′ ′ 行 行		
勿			
말 물	′ ′ ′ 勿		
慢			
거만할 만	′ ′ ′ ′ ′ ′ ′ 慢		
步			
걸음 보	′ ′ ′ 步 步 步 步		

坐			
앉을 좌	′ ′ ′ ′ ′ ′ 坐 坐		
勿			
말 물	′ ′ ′ 勿		
倚			
의지할 의	′ ′ ′ ′ ′ 倚 倚		
身			
몸 신	′ ′ ′ ′ ′ 身 身		

勿立門中하고 勿坐房中하라.
물 립 문 중 물 좌 방 중

문 한가운데는 서지 말고 방 한가운데는 앉지 말라.

勿	勿
말 물	ノ 勹 勺 勿
立	立
설 립	丶 亠 亠 立 立
門	門
문 문	丨 冂 冂 冂 冂 門 門 門
中	中
가운데 중	丶 口 口 中

勿	勿
말 물	ノ 勹 勺 勿
坐	坐
앉을 좌	ノ 人 人 人人 人人 坐 坐
房	房
방 방	丶 亠 彐 户 户 户 房 房
中	中
가운데 중	丶 口 口 中

鷄鳴而起하고 必盥必漱하라.
계 명 이 기　　　　필 관 필 수

닭이 우는 새벽에 일어나서 반드시 세수하고 양치하라.

鷄	
닭 계	｀ ⺈ ⻈ 奚 奚 奚 奚 鶏 鶏 鶏 鶏 鶏
鳴	
울 명	ㅣ ㅁ ㅁ 吖 吵 鳴 鳴 鳴
而	
말 이을 이	一 ㄕ ㄕ 丙 而 而
起	
일어날 기	一 ⺩ 丰 丰 走 起 起 起

必	
반드시 필	｀ ノ 必 必 必
盥	
대야 관	｀ ⺈ ⺊ ⺝ ⺊ 舟 舟 舟 舟 舟 盥 盥 盥
必	
반드시 필	｀ ノ 必 必 必
漱	
양치질할 수	｀ ⺀ ⺀ ⺀ 沪 沪 漱 漱 漱 漱 漱

言語必愼하고 居處必恭하라.
언 어 필 신   거 처 필 공

말은 반드시 삼가고 거처는 반드시 공손히 하라.

言	言
말씀 언	`丶亠亠言言言言`
語	語
말씀 어	`亠言言訂語語語`
必	必
반드시 필	`丶ソ必必必`
愼	愼
삼갈 신	`忄忄忄忄愼愼愼`

居	居
살 거	`フコ尸尸居居居`
處	處
곳 처	`ﾉﾄﾄ广声声虍虍處處處`
必	必
반드시 필	`丶ソ必必必`
恭	恭
공손할 공	`一ﾔﾞﾞ共共恭恭`

始習文字이어든 字劃楷正하라.
시 습 문 자　　　자 획 해 정

비로소 문자를 익힘에는 글자를 바르고 정확하게 하라.

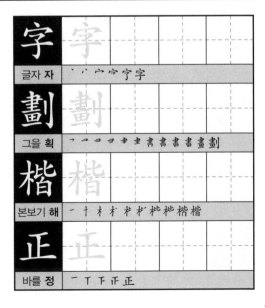

始	始				
비로소 시	ㄥ ㄨ � 女 女 始 始				
習	習				
익힐 습	ㄱ ㄱ ㄱ习 ㄱ위 ㄱ위 習 習				
文	文				
글월 문	ㅤ 亠 ナ 文				
字	字				
글자 자	ㅤ ㆍ 宀 宁 宁 字				

字	字				
글자 자	ㅤ ㆍ 宀 宁 宁 字				
劃	劃				
그을 획	ㄱ ㄱ 글 書 書 書 書 書 畫 劃				
楷	楷				
본보기 해	一 十 才 才 栌 栌 枋 栌 楷 楷				
正	正				
바를 정	一 丁 下 正 正				

35

父母之年은 不可不知하느니라.
부 모 지 년   불 가 부 지

부모님의 나이는 반드시 알아야 하느니라.

父	父				
아비 **부**	ノ ハ グ 父				
母	母				
어미 **모**	ㄴ 및 및 및 母				
之	之				
갈 **지**	ヽ ラ 之				
年	年				
해 **년**	ノ ヒ ヒ 左 左 年				

不	不				
아닐 **불**	一 ア オ 不				
可	可				
옳을 **가**	一 丁 ㅁ 可 可				
不	不				
아닐 **부**	一 ア オ 不				
知	知				
알 **지**	ノ ㅌ 午 矢 矢 知 知				

飲食雖惡이라도 與之必食하고
음 식 수 악　　　여 지 필 식

음식이 비록 좋지 않더라도 주시면 반드시 먹어야 하고,

飲	飲				
마실 음	ノ 今 今 今 仚 食 食 飲 飲				
食	食				
먹을 식	ノ 人 ㅅ 今 今 今 貪 食 食				
雖	雖				
비록 수	口 吕 虽 虽 虽 虽 雖 雖				
惡	惡				
나쁠 악	一 广 币 币 亞 亞 亞 亞 惡 惡				

與	與				
줄 여	′ ′′ ↑ ↑ 户 户 向 向 血 與 與				
之	之				
갈 지	丶 亠 之				
必	必				
반드시 필	丶 ′ 必 必 必				
食	食				
먹을 식	ノ 人 ㅅ 今 今 今 貪 食 食				

37

衣服雖惡하더라도 與之必着하느니라.
의 복 수 악   여 지 필 착

의복이 비록 나쁘더라도 주시거든 반드시 입어야 하느니라.

衣	衣				
옷의	丶 亠 广 オ 衣 衣				
服	服				
옷복	月 月 月 月 肌 肌 服				
雖	雖				
비록수	口 吕 虽 虽 虽 雖 雖				
惡	惡				
나쁠악	一 一 千 千 亞 亞 亞 亞 惡 惡				

與	與				
줄여	丶 广 ピ ピ 臼 臼 兩 兩 兩 兩 與 與				
之	之				
갈지	丶 一 之				
必	必				
반드시필	丶 ソ 必 必 必				
着	着				
입을착	丷 丷 羊 羊 羔 着 着				

38

衣服帶鞋는 勿失勿裂하라.
의 복 대 혜　　　물 실 물 렬

의복과 혁대와 신발은 잃어버리지도 말고 찢지도 말라.

衣	衣				
옷의	`ㆍㅗㅓㅊㅊ衣衣`				
服	服				
옷복	`刀月月月'別服服`				
帶	帶				
띠대	`一ナサ世世帯帯帶`				
鞋	鞋				
신혜	`一廿廿苩苩革鞋鞋`				

勿	勿				
말물	`ノケク勿`				
失	失				
잃을실	`ノㅗ느失失`				
勿	勿				
말물	`ノケク勿`				
裂	裂				
찢을렬	`一ヲ歹列列裂裂`				

寒不敢襲하고 暑勿褰裳하라.
한 불 감 습　　서 물 건 상

춥다고 옷을 껴입지 말고 덥다고 치마나 바지를 걷지 말라.

寒	寒				
찰한	丶宀宀宀宲寒寒				
不	不				
아닐 불	一ア不不				
敢	敢				
감히 감	一ァ 丂 于 予 百 耳 取 敢 敢				
襲	襲				
엄습할 습	丶亠亣吝音竜龍龍襲襲				

暑	暑				
더울 서	口日早早暑暑暑				
勿	勿				
말 물	丿勹勿勿				
褰	褰				
걷어올릴 건	丶宀宀宀宲寒寒寒褰褰				
裳	裳				
치마 상	业严严岩营堂裳裳				

夏則扇枕이어든 冬則溫被하니라.
하 즉 선 침   동 즉 온 피

여름에는 머리맡을 부채질로 시원하게 하고 겨울에는 이불을 따뜻
하게 해 드려라.

夏				
여름 하	一 一 冖 百 百 頁 夏 夏			
則				
곧 즉	丨 冂 冃 目 貝 貝 則			
扇				
부채 선	、 一 戸 戸 肩 扇 扇			
枕				
베개 침	十 才 才 才 木 朾 枕 枕			

冬				
겨울 동	ノ ク 夂 冬 冬			
則				
곧 즉	丨 冂 冃 目 貝 貝 則			
溫				
따뜻할 온	氵 汜 沪 沪 润 溫 溫 溫			
被				
이불 피	ラ ネ ネ 衤 初 初 被 被			

侍坐親側이어든 進退必恭하니라.
시 좌 친 측　　　　진 퇴 필 공

부모님을 옆에 모시고 앉을 때는 나아가고 물러감을 반드시 공손
히 해야 한다.

侍 侍	
모실 시　亻亻亻什件件侍侍	
坐 坐	
앉을 좌　ノ人人从从坐坐	
親 親	
어버이 친　亠立辛辛亲親親	
側 側	
곁 측　ノ亻亻但俱側側	

進 進	
나아갈 진　亻亻亻仹住隹进進	
退 退	
물러날 퇴　フヨ尸尸艮退退	
必 必	
반드시 필　、ソ必必必	
恭 恭	
공손할 공　一艹艹共恭恭恭	

膝前勿坐하고 親面勿仰하라.
슬 전 물 좌 　 　 친 면 물 앙

부모님의 무릎 앞에 앉지 말고 부모님의 얼굴은 똑바로 쳐다보지
말라.

膝	膝			
무릎 슬	ノ 刀 月 月 月 胖 胖 胖 膝 膝 膝			
前	前			
앞 전	丶 丷 丷 岇 甪 前 前 前			
勿	勿			
말 물	ノ 勹 勹 勿			
坐	坐			
앉을 좌	ノ 人 亻 ホ ホ 坐 坐 坐			

親	親			
친할 친	丶 亠 亠 亠 辛 亲 亲 亲 親 親 親 親 親			
面	面			
얼굴 면	丆 兀 而 而 面 面			
勿	勿			
말 물	ノ 勹 勹 勿			
仰	仰			
우러를 앙	ノ 亻 亻 亻 亻 仰 仰			

43

父母臥命하시면 俯首聽之하느니라.
부 모 와 명   부 수 청 지

부모님이 누워서 명하시면 머리를 숙이고 들어야 하느니라.

父	父				
아비 부	ノ ハ グ 父				
母	母				
어미 모	ㄴ �... 母				
臥	臥				
누울 와	一 丆 ㄒ ㄒ ㄹ 臣 臥 臥				
命	命				
명령 명	ノ 人 스 슈 命 命				

俯	俯				
구부릴 부	ノ イ 广 广 疒 俨 俯 俯 俯				
首	首				
머리 수	ㆍ ㅛ ㅗ 产 产 首 首				
聽	聽				
들을 청	一 丆 丆 ㅌ 耳 耳 耵 聆 聏 聰 聴 聽				
之	之				
갈 지	ㆍ ㅗ 之				

居處靖靜하며 步履安詳하라.
거 처 정 정　　　보 리 안 상

거처할 때에는 조용히 움직이고 걸음걸이는 편안하고 조용하게
하라.

居	居				
살 거	ﾏ ﾏ ﾜ ﾜ 居 居 居				
處	處				
곳 처	ﾉ ﾉ ﾜ 广 声 卢 虔 處 處				
靖	靖				
편하게 할 정	ﾗ ﾜ 青 青 青 靖 靖				
靜	靜				
고요할 정	ﾗ ﾟ 主 青 青 青 青 靑 靜 靜				

步	步				
걸음 보	ﾉ ﾉ 止 止 步 步 步				
履	履				
밟을 리	ﾏ ﾜ ﾜ 尼 屋 屏 履				
安	安				
편안할 안	ﾉ ﾉ 宀 安 安				
詳	詳				
자세할 상	ﾗ ﾟ ﾟ 言 言 詳 詳				

45

飽食暖衣하며 逸居無敎하면
포 식 난 의 일 거 무 교

배불리 먹고 옷을 따뜻하게 입으며 편히 살면서 가르치지 않으면,

飽					
배부를 포	ノ ク ケ ケ 夤 食 飣 飠 飽 飽				
食					
먹을 식	ノ 人 人 今 今 今 食 食 食				
暖					
따뜻할 난	丨 冂 日 日 旷 旷 畔 畔 暖 暖				
衣					
옷 의	丶 亠 宀 才 衣 衣				

逸					
편안할 일	ノ ク 久 久 免 免 兔 逸 逸				
居					
살 거	フ コ 尸 尸 居 居 居				
無					
없을 무	一 二 無 無 無 無				
敎					
가르칠 교	ノ メ ゞ 耂 耂 孝 孝 劷 劵 敎 敎				

46

卽近禽獸하니 聖人憂之하니라.
즉 근 금 수   성 인 우 지

곧 금수와 다름이 없느니 성인은 그것을 걱정하시니라.

卽		
곧 즉	` ′ ⺈ ⺈ 白 臼 皀 皀 卽 卽 `	
近		
가까울 근	` ′ ⺁ ⻖ 斤 近 近 `	
禽		
날짐승 금	` ノ 人 亼 亼 今 今 舍 舍 禽 禽 禽 `	
獸		
짐승 수	` ` 丷 ⺍ ⺍ 甼 甼 畄 畄 單 單 嘼-獸 獸 獸 `	

聖		
성인 성	` ⼀ ⼁ 丆 丆 耳 耶 耶 聖 聖 聖 `	
人		
사람 인	` ノ 人 `	
憂		
근심 우	` ⼀ ⼀ 丙 百 面 面 恵 恵 憂 憂 憂 `	
之		
갈 지	` ` ⼀ 之 `	

學優則仕하야 爲國盡忠하고
학 우 즉 사 　 위 국 진 충

학문이 넉넉하면 벼슬을 해서 나라를 위해 충성을 다하고,

學	學				
배울 **학**	`⻗ ⻗ ⻗ ⻗ ⻗ 幽 幽 幽 學 學 學`				
優	優				
넉넉할 **우**	`⺈ ⺈ ⺈ ⺈ ⺈ 俩 俨 傷 傷 傷 優`				
則	則				
곧 **즉**	`⎸ ⺆ 冂 目 貝 貝 則`				
仕	仕				
벼슬할 **사**	`⺈ ⺈ ⻌ 什 仕`				

爲	爲				
할 **위**	`⺈ ⺈ ⺈ 尹 尹 爲 爲 爲`				
國	國				
나라 **국**	`冂 同 同 同 國 國 國 國`				
盡	盡				
다할 **진**	`⺈ ⺈ ⻌ 聿 書 聿 書 書 盡 盡`				
忠	忠				
충성 **충**	`丨 口 口 中 忠 忠 忠`				

敬信節用하야 愛民如子하라.
경 신 절 용　　애 민 여 자

조심해서 미덥게 일하며 재물을 아껴 쓰고 백성을 사랑함은 자식
과 같게 하라.

人倫之中에 忠孝爲本이니
인 륜 지 중 충 효 위 본

인륜 가운데에 충과 효가 근본이 되니,

人			
사람 인	ノ人		
倫			
인륜 륜	亻伦伶伶伶倫倫		
之			
갈 지	丶ㄱ之		
中			
가운데 중	丨冂口中		

忠			
충성 충	丶冂口中忡忠忠		
孝			
효도 효	一十土耂耂孝孝		
爲			
할 위	丶爫爫爲爲爲爲爲		
本			
근본 본	一十才木本		

50

孝當竭力하고 忠則盡命하라.
효 당 갈 력　　충 즉 진 명

효도는 마땅히 힘을 다해야 하고 충성은 목숨을 다해야 한다.

孝				
효도 효	一 十 土 耂 耂 孝 孝			
當				
마땅할 당	丨 丷 业 尚 尚 當 當			
竭				
다할 갈	丶 亠 立 刯 刯 坦 竭 竭 竭			
力				
힘 력	𠃌 力			

忠				
충성 충	丶 口 口 中 忠 忠 忠			
則				
곧 즉	丨 冂 月 目 貝 貝 則			
盡				
다할 진	𠃌 𦥑 肀 聿 書 書 書 書 盡			
命				
목숨 명	人 𠆢 𠆢 合 合 合 命			

51

兄弟姉妹는 同氣而生이니
형제 자매 동 기 이 생

형제와 자매는 한 기운을 받고 태어났으니,

兄	兄				
맏 형	`丿 口 口 尸 兄`				
弟	弟				
아우 제	`丶 丷 当 弟 弟 弟`				
姉	姉				
손위누이 자	`𡿨 女 女 女 妒 妒 姉`				
妹	妹				
누이 매	`女 女 妒 妌 姝 妹 妹`				

同	同				
한가지 동	`丨 冂 冂 同 同`				
氣	氣				
기운 기	`丿 气 气 气 氧 氣`				
而	而				
말 이을 이	`一 丆 冂 而 而 而`				
生	生				
날 생	`丿 生 生 生 生`				

兄友弟恭하야 不敢怨怒하니라.
형 우 제 공　　　불 감 원 노

형은 우애하고 아우는 공손히 하여 감히 원망하거나 성내지 말아야 한다.

兄					
맏 형	ﾉ ﾉ ﾉ ﾊ ﾊ 兄				
友					
우애 우	一 ナ 方 友				
弟					
아우 제	丶 丷 丷 弓 弟 弟				
恭					
공손할 공	一 卄 卄 共 恭 恭 恭				

不					
아닐 불	一 ﾌ ﾌ 不				
敢					
감히 감	一 ﾝ ﾋ ﾧ 再 耳 耳 取 敢 敢				
怨					
원망할 원	ﾉ ﾀ ﾀ ﾀ 夗 夗 怨 怨				
怒					
성낼 노	ﾚ ﾀ 女 如 奴 怒 怒				

骨肉雖分이나 本生一氣요
골 육 수 분　　　　본 생 일 기

뼈와 살은 비록 나누어졌으나 본래 한 기운에서 태어났으며,

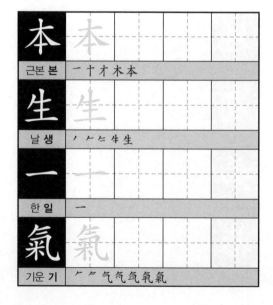

骨	骨				
뼈 골	｜ ｜ ｜ ｜ ｜ ㅁ ㅁ ㅁ ㅁ 骨 骨				
肉	肉				
고기 육	｜ 冂 内 内 内 肉				
雖	雖				
비록 수	｜ ㅁ ㅁ ㅁ 呂 虽 虽 虽 卽 雖 雖 雖				
分	分				
나눌 분	｜ 八 分 分				

本	本				
근본 본	一 十 才 木 本				
生	生				
날 생	｜ ㅗ ㅗ 牛 生				
一	一				
한 일	一				
氣	氣				
기운 기	ㅗ ㅗ 气 气 气 氣 氣				

54

形體雖異나 素受一血이니라.
형 체 수 이 　 소 수 일 혈

형체는 비록 다르나 본래 한 핏줄을 받았느니라.

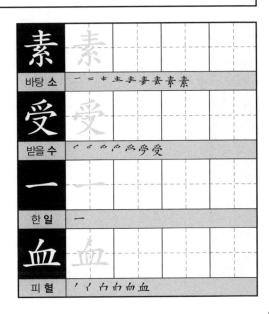

形	形				
모양 **형**	一 二 テ 开 形 形 形				
體	體				
몸 **체**	丨 冂 冎 骨 骨 骨 體 體 體 體 體 體				
雖	雖				
비록 **수**	丨 冂 口 吊 虽 虽 虽 虽 雖 雖 雖				
異	異				
다를 **이**	丨 冂 曰 田 田 甼 畢 異 異				

素	素				
바탕 **소**	一 二 十 キ 丰 素 素 素 素				
受	受				
받을 **수**	爫 爫 爫 爫 뜨 受 受				
一	一				
한 **일**	一				
血	血				
피 **혈**	丿 亅 卢 血 血 血				

比之於木하면 同根異枝하며
비 지 어 목　　　동 근 이 지

나무에 비유하면 뿌리는 같으나 가지는 다른 것과 같고,

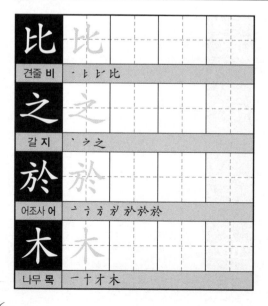

比	比				
견줄 비	' ţ ţţ 比				
之	之				
갈 지	' ㄅ 之				
於	於				
어조사 어	' ㅎ 方 ㅎ 於 於 於				
木	木				
나무 목	一 十 才 木				

同	同				
한가지 동	l 冂 冂 同 同 同				
根	根				
뿌리 근	十 木 术 术 根 根 根				
異	異				
다를 이	l 冂 曰 田 田 旦 里 畢 異				
枝	枝				
가지 지	十 木 术 术 村 朾 枝				

比之於水하면 同源異流하니라.
비 지 어 수   동 원 이 류

물에 비하면 근원은 같으나 흐름은 다른 것과 같다.

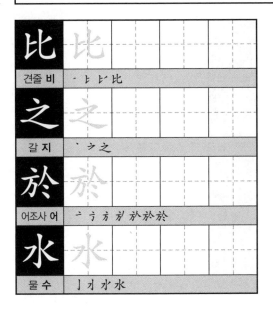

比	比				
견줄 비	`- ʃ ʃʰ ʃʰ 比`				
之	之				
갈 지	`、 ㇐ 之`				
於	於				
어조사 어	`二 ゙ 方 方 於 於 於`				
水	水				
물 수	`丨 亅 水 水`				

同	同				
한가지 동	`丨 冂 冂 同 同`				
源	源				
근원 원	`冫 氵 汀 沪 沪 沔 沥 湶 源 源`				
異	異				
다를 이	`丨 口 曰 田 田 뽀 畀 異 異`				
流	流				
흐름 류	`氵 汁 浐 浐 浐 流 流`				

爲兄爲弟가 何忍不和하리오.
위 형 위 제　　　하 인 불 화

형 되고 아우 된 자가 차마 어찌 불화하리오.

爲	爲				
될 위	´ ´´ ´´´ ゛ 产 严 严 爲 爲 爲				
兄	兄				
만 형	١ ⼞ 口 尸 兄				
爲	爲				
될 위	´ ´´ ´´´ ゛ 产 严 严 爲 爲 爲				
弟	弟				
아우 제	` ´ ´´ ゛ 肖 弟 弟				

何	何				
어찌 하	ノ イ 亻 亻 伫 伫 何				
忍	忍				
참을 인	⼑ 刀 刃 忍 忍 忍				
不	不				
아닐 불	⼀ ㇇ ㇇ 不				
和	和				
화할 화	´ 二 千 禾 禾 和 和				

兄弟怡怡하야 行則雁行하라.
형제이이   행즉안행

형제는 서로 기뻐해야 하고 길을 갈 때는 기러기 떼처럼 나란히 가라.

兄			
맏 형	ノ ㅁ ㅁ 尸 兄		
弟			
아우 제	丶 ㄴ ㅛ ㅛ 弓 弟 弟		
怡			
기쁠 이	丶 忄 忄 忙 怡 怡		
怡			
기쁠 이	丶 忄 忄 忙 怡 怡		

行			
갈 행	ノ ノ イ 彳 行 行		
則			
곧 즉	l 冂 日 目 貝 貝 則		
雁			
기러기 안	一 厂 ァ 产 雁 雁 雁 雁		
行			
갈 행	ノ ノ イ 彳 行 行		

寢則連衾하고 食則同牀하라.
침 즉 연 금　　 식 즉 동 상

잠잘 때에는 이불을 나란히 덮고 밥 먹을 때에는 밥상을 함께하라.

寢	寢				
잠잘 침	`丶 宀 宀 宀 宀 宷 宷 宷 宷 寢 寢`				
則	則				
곧 즉	`丨 冂 円 目 貝 貝 則`				
連	連				
이을 연	`一 厂 厂 百 亘 車 連 連`				
衾	衾				
이불 금	`人 人 今 今 金 金 衾 衾`				

食	食				
먹을 식	`丿 人 人 今 今 令 食 食 食`				
則	則				
곧 즉	`丨 冂 円 目 貝 貝 則`				
同	同				
같을 동	`丨 冂 冂 同 同`				
牀	牀				
평상 상	`丨 爿 爿 爿 牀 牀 牀`				

近墨者黑이요 近朱者赤이니
근 묵 자 흑   근 주 자 적

먹을 가까이하는 사람은 검어지고 붉은 빛을 가까이하는 사람은
붉게 되니

近	近						
가까울근	´ ʃ ʄ 斤 近 近						
墨	墨						
먹묵	ˋ ㄇ ㄇ 日 日 甲 里 黑 黑 黑 墨						
者	者						
놈자	ˉ ╇ 土 耂 者 者 者 者						
黑	黑						
검을 흑	ˋ ㄇ ㄇ 日 日 甲 里 黑 黑						

近	近						
가까울근	´ ʃ ʄ 斤 近 近						
朱	朱						
붉을주	´ ´ ㇑ 牛 牛 朱						
者	者						
놈자	ˉ ╇ 土 耂 者 者 者 者						
赤	赤						
붉을적	ˉ ╇ 土 ナ 亣 赤 赤						

居必擇隣하고 就必有德하라.
거 필 택 린   취 필 유 덕

거처할 때 반드시 이웃을 가리고 나아갈 땐 반드시 덕 있는 사람에
게 가라.

居	居			
살 거	﹁ ﹁ ﹁ 尸 尸 居 居			
必	必			
반드시 필	﹅ ﹅ 必 必 必			
擇	擇			
가릴 택	﹁ 扌 扌 扩 扩 押 押 押 捏 捏 擇 擇			
隣	隣			
이웃 린	﹅ ﹖ 阝 阝 阝 胖 胖 胖 隊 隊 隣 隣			

就	就			
나아갈 취	﹅ 亠 宁 京 京 京 就 就			
必	必			
반드시 필	﹅ ﹅ 必 必 必			
有	有			
있을 유	﹅ ナ 广 冇 有 有 有			
德	德			
덕 덕	﹅ ﹅ 彳 彳 衤 衤 徔 德 德 德 德			

擇而交之면 有所補益하고
택 이 교 지 유 소 보 익

사람을 가려서 사귀면 도움과 유익함이 있고,

擇	擇					
가릴 택	一 十 扌 扩 扞 扞 挗 挗 挥 择 擇 擇					

而	而					
말 이을 이	一 ア ア 而 而					

交	交					
사귈 교	丶 亠 六 亣 交					

之	之					
갈 지	丶 ㇛ 之					

有	有					
있을 유	丿 ナ 才 有 有 有					

所	所					
바 소	丶 丶 ㇒ 戶 所 所 所					

補	補					
도울 보	丶 ㇏ 衤 衤 補 補 補 補					

益	益					
유익할 익	丿 八 公 兯 谷 益 益					

不擇而交면 反有害矣니라.
불 택 이 교 반 유 해 의

가리지 않고 사귀면 도리어 해가 있느니라.

不	不					
아닐 **불**	一 ブ 不 不					

擇	擇					
가릴 **택**	一 寸 才 扴 扴 押 捏 捏 捏 擇 擇 擇					

而	而					
말 이을 **이**	一 ア 丙 而 而					

交	交					
사귈 **교**	丶 亠 宀 六 交 交					

反	反					
되돌릴 **반**	一 厂 万 反					

有	有					
있을 **유**	ノ ナ ナ 才 有 有 有					

害	害					
해칠 **해**	丶 宀 宀 空 宝 害 害 害					

矣	矣					
어조사 **의**	ム ム 矢 矢 矢 矣 矣					

朋友有過이어든 忠告善導하라.
붕 우 유 과   충 고 선 도

친구에게 잘못이 있거든 충고하여 착하게 인도하라.

朋	朋				
벗붕	ノ 刀 月 月 朋 朋 朋				
友	友				
벗우	一 ナ 方 友				
有	有				
있을유	ノ ナ オ 有 有 有				
過	過				
허물과	冂 冂 咼 咼 咼 過 過				

忠	忠				
충성충	丶 口 口 中 中 忠 忠 忠				
告	告				
알릴고	ノ ト 屮 生 生 告 告				
善	善				
착할선	丷 䒑 羊 羊 善 善 善				
導	導				
이끌도	丷 䒑 首 首 首 道 導 導				

人無責友면 易陷不義니라.
인 무 책 우　　　이 함 불 의

잘못을 꾸짖어 주는 친구가 없으면 의롭지 못한 데 빠지기 쉬우
니라.

人					
사람 인	ノ人				
無					
없을 무	ᅩ느無無無無				
責					
꾸짖을 책	一十丰青青青責責				
友					
벗 우	一ナ方友				

易					
쉬울 이	丨冂日月易易				
陷					
빠질 함	′了阝阝降陷陷				
不					
아닐 불	一ナオ不				
義					
옳을 의	丷丷羊羊羊義義				

66

面讚我善이면 諂諛之人이요
면 찬 아 선　　첨 유 지 인

면전에서 나의 착한 점을 칭찬하면 아첨하는 사람이고,

面	面				
얼굴 면	丆丙而面面				
讚	讚				
칭찬할 찬	亠亖言言言言詩詳讚讚讚				
我	我				
나 아	亅二手手我我我				
善	善				
착할 선	丷芏羊善善善善				

諂	諂				
아첨할 첨	亠亖言言訒訵諂諂				
諛	諛				
아첨할 유	丶亠言言言訧諛				
之	之				
갈 지	丶㇇之				
人	人				
사람 인	丿人				

面責我過면 剛直之人이니라.
면 책 아 과 강 직 지 인

면전에서 나의 잘못을 꾸짖으면 굳세고 정직한 사람이다.

面	面				
얼굴 면	一丆而而面面				
責	責				
꾸짖을 책	一二丰青青青責				
我	我				
나 아	一二千手我我				
過	過				
허물 과	冂冂丹咼咼過過				

剛	剛				
굳셀 강	丨冂冂門門門剛剛				
直	直				
곧을 직	十广古有直直				
之	之				
갈 지	丶亠之				
人	人				
사람 인	丿人				

言而不信이면 非直之友니라.
언 이 불 신　　비 직 지 우

말을 하되 미덥지 못하면 정직한 친구가 아니다.

言	言				
말씀 **언**	`丶亠亡言言言言`				

而	而				
말 이을 **이**	`一丆丆而而而`				

不	不				
아닐 **불**	`一丆才不`				

信	信				
믿을 **신**	`ノイ亻信信信信`				

非	非				
아니 **비**	`ノ刀刂非非非非`				

直	直				
곧을 **직**	`十十亠吉直直直`				

之	之				
갈 **지**	`丶宀之`				

友	友				
벗 **우**	`一ナ方友`				

見善從之하고 知過必改하라.
견 선 종 지　　　지 과 필 개

착한 것을 보면 그것을 따르고 잘못을 알면 반드시 고쳐라.

見						
볼견	丨冂冂冃目貝見					

善						
착할선	⺍⺌羊善善善善					

從						
좇을종	ノ彳彳彳从從從					

之						
갈지	丶㇎之					

知						
알지	⺊ㅗ午矢知知知					

過						
허물과	冂冂冋咼咼過過					

必						
반드시필	丶丿必必必					

改						
고칠개	ㄱㄱㄹㄹ改改改					

70

悅人讚者는 百事皆僞며
열 인 찬 자   백 사 개 위

남의 칭찬을 좋아하는 자는 온갖 일이 모두 거짓이고,

悅	悅
기쁠 열	⺖ ⺖ ⺘ 忱 忱 忱 悅

人	人
사람 인	ノ 人

讚	讚
칭찬할 찬	⺮ ⻌ 言 言 言 諧 諧 讚 讚 讚 讚

者	者
놈 자	一 十 土 耂 者 者 者 者

百	百
일백 백	一 ア 了 百 百 百

事	事
일 사	一 亓 亓 写 写 事 事

皆	皆
다 개	⺊ 比 比 毕 皆 皆

僞	僞
거짓 위	⺅ 伋 伋 伊 伶 僞 僞

71

厭人責者는 其行無進이니라.
염 인 책 자 기 행 무 진

남의 꾸짖음을 싫어하는 자는 그 행동에 진전이 없다.

厭	厭				
싫을 염	一厂厂厂厈厈厭厭				

人	人				
사람 인	ノ人				

責	責				
꾸짖을 책	一十キ青青青責				

者	者				
놈 자	一十土耂者者者者				

其	其				
그 기	一十卄廿甘其其				

行	行				
갈 행	ノ彳彳彳行行				

無	無				
없을 무	′二冊無無無無				

進	進				
나아갈 진	亻亻亻作作隹隹淮進				

父子有親하며 君臣有義하며
부 자 유 친　　　군 신 유 의

부모와 자식 사이에는 친함이 있고, 임금과 신하 사이에는 의리가 있으며,

父		
아비 **부**	´ ヽ グ 父	

子		
아들 **자**	ㄱ 了 子	

有		
있을 **유**	ノ ナ オ 有 有 有	

親		
어버이 **친**	ㅗ ㅛ 辛 亲 亲 新 親 親	

君		
임금 **군**	ㄱ ㅋ ㅋ 尹 尹 君 君	

臣		
신하 **신**	ㅡ ㅏ ㅍ ㅍ 乒 臣	

有		
있을 **유**	ノ ナ オ 有 有 有	

義		
옳을 **의**	ㅛ ㅛ 羊 美 羊 義 義	

夫婦有別하며 長幼有序하며
부 부 유 별   장 유 유 서

남편과 아내 사이에는 분별이 있으며, 어른과 아이 사이에는 차례가 있으며,

夫				
지아비 **부**	一 二 夫 夫			
婦				
아내 **부**	乚 乂 女 女 妒 妒 妒 婦 婦 婦			
有				
있을 **유**	ノ ナ 才 有 有 有			
別				
나눌 **별**	丶 冖 口 号 另 別 別			

長				
어른 **장**	「 厂 F F 토 투 튼 長			
幼				
어릴 **유**	乀 幺 幺 幻 幼			
有				
있을 **유**	ノ ナ 才 有 有 有			
序				
차례 **서**	丶 亠 广 庐 庐 序			

74

朋友有信이니 是謂五倫이니라.
붕 우 유 신　시 위 오 륜

벗과 벗 사이에는 신의가 있으니, 이것을 일러 오륜이라고 한다.

朋	朋				
벗 붕	ﾉ 刀 月 月 朋 朋 朋				
友	友				
벗 우	一 ナ 方 友				
有	有				
있을 유	ﾉ ナ 才 冇 有 有				
信	信				
믿을 신	ﾉ 亻 亻 亡 信 信 信				

是	是				
옳을 시	ﾉ 日 旦 早 昰 昰 是				
謂	謂				
이를 위	丶 亠 言 言 言 訂 訂 訶 謂 謂 謂				
五	五				
다섯 오	一 丆 五 五				
倫	倫				
인륜 륜	亻 仏 伶 伶 伶 倫 倫				

君爲臣綱이요 父爲子綱이요

군 위 신 강　부 위 자 강

임금은 신하의 벼리*가 되고, 아버지는 자식의 벼리가 되며,

(＊벼리:그물 코를 꿴 굵은 줄 · 일이나 글의 뼈대가 되는 줄거리 · 사물을 총괄하여 규제하는 것)

君	君			
임금 군	ㄱㄱㄱㄱ尹尹君君			
爲	爲			
할 위	´´´广产产为爲爲			
臣	臣			
신하 신	一ㄱㅌㅌㅋ臣			
綱	綱			
벼리 강	´纟纟糹糹糹網網網網綱			

父	父			
아비 부	´´´ㄆ父			
爲	爲			
할 위	´´´广产产为爲爲			
子	子			
아들 자	ㄱ了子			
綱	綱			
벼리 강	´纟纟糹糹糹網網網網綱			

夫爲婦綱이니 是謂三綱이니라.
부 위 부 강　　　시 위 삼 강

남편은 아내의 벼리가 되니, 이것을 일러 삼강이라고 한다.

夫	夫				
지아비 부	一 二 夫 夫				
爲	爲				
할 위	´ ´´ ´´ ´´ ´´ 爲 爲 爲				
婦	婦				
아내 부	ㄴ 女 女 女 女 女 女 婦 婦 婦				
綱	綱				
벼리 강	´ ㄠ ㄠ 紀 網 網 網 網				

是	是				
옳을 시	ㅣ 日 旦 무 무 무 是 是				
謂	謂				
이를 위	ㄴ ㄴ ㄴ ㄴ 言 言 言 言 謂 謂 謂 謂				
三	三				
석 삼	一 二 三				
綱	綱				
벼리 강	´ ㄠ ㄠ 紀 網 網 網 網				

人所以貴는 以其倫綱이니라.
인 소 이 귀 이 기 륜 강

사람이 귀한 이유는 오륜과 삼강 때문이다.

人 사람 인	ノ 人
所 바 소	ﾉ ﾌ ﾌ 戶 所 所 所
以 써 이	ﾚ ﾚ ﾚ 以 以
貴 귀할 귀	ﾉ 口 口 中 史 虫 貴 青 書 貴 貴

以 써 이	ﾚ ﾚ ﾚ 以 以
其 그 기	一 十 艹 甘 甘 其
倫 인륜 륜	ｲ ｲ ｲ ｲ 伶 倫 倫
綱 벼리 강	ｲ 幺 糸 糸 紀 網 網 網 綱

78

德業相勸하고 過失相規하며
덕 업 상 권　　　과 실 상 규

좋은 일은 서로 권하고, 잘못은 서로 규제하며,

德	德					
덕 덕	′ 彳 彳 彳 彳 徝 徝 徳 德 德					
業	業					
일 업	″ ″ ″ 丵 丵 丵 業 業					
相	相					
서로 상	一 十 才 木 柞 相 相 相 相					
勸	勸					
권할 권	′ ″ ″ 芇 莗 莗 莗 萑 萑 勸 勸					

過	過					
허물 과	冂 冂 冎 冎 咼 周 渦 過					
失	失					
잃을 실	′ ╰ ┾ 步 失					
相	相					
서로 상	一 十 才 木 柞 相 相 相 相					
規	規					
법 규	二 ≢ 邦 却 却 規 規					

禮俗相交하고 患難相恤하라.
예 속 상 교   환 난 상 휼

예의로 서로를 사귀고, 어려운 일은 서로 돕는다.

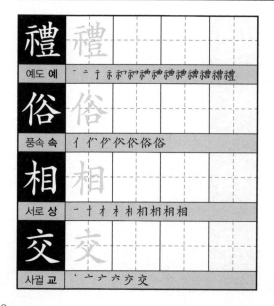

禮	禮			
예도 예	ˊ ニ 亍 礻 袔 袔 神 神 神 神 禮 禮 禮			
俗	俗			
풍속 속	亻 亻 亻 俗 俗 俗 俗			
相	相			
서로 상	一 十 才 木 机 相 相 相 相			
交	交			
사귈 교	ˋ 亠 ゙ 六 亥 交			

患	患			
근심 환	丨 口 므 吕 串 患 患			
難	難			
어려울 난	一 廿 甘 菫 菫 菫 菫 菫 難 難			
相	相			
서로 상	一 十 才 木 机 相 相 相 相			
恤	恤			
동정할 휼	丶 忄 忄 忄 忙 恤 恤			

貧窮患難에는 親戚相救하며
빈 궁 환 난　　　친 척 상 구

가난이나 우환, 재난을 당한 사람이 있을 경우에는 친척들이 서로
구원해 주며,

貧						
가난할 **빈**	′ 八 分 分 贫 贫 貧					
窮						
궁할 **궁**	′ ウ 宀 宀 宍 窍 窍 窍 窮 窮					
患						
근심 **환**	口 口 吕 吕 串 患 患					
難						
어려울 **난**	一 艹 莒 莒 莫 鄞 鄞 難 難					

親						
친할 **친**	′ 二 ㅗ ㅍ 뽀 辛 亲 亲 新 親 親 親 親					
戚						
겨레 **척**	) 厂 厂 厂 斤 戌 戌 戚 戚 戚					
相						
서로 **상**	一 十 オ 木 朴 相 相 相 相					
救						
건질 **구**	一 十 寸 寻 求 求 求 救 救					

婚姻死喪에 相扶相助하라.
혼 인 사 상 상 부 상 조

혼인과 초상에는 이웃끼리 서로 도와라.

婚		
혼인할 혼	ㄴ ㄴ 女 妒 妌 妮 婚 婚 婚	
姻		
혼인 인	ㄴ ㄴ 女 妁 妒 姻 姻	
死		
죽을 사	一 ㄱ 歹 歹 死 死	
喪		
죽을 상	一 十 土 哭 哭 喪 喪	

相		
서로 상	一 十 才 木 朼 相 相 相 相	
扶		
도울 부	一 十 扌 扌 扶 扶 扶	
相		
서로 상	一 十 才 木 朼 相 相 相 相	
助		
도울 조	丨 П П 日 日 助 助	

修身齊家는 治國之本이요.
수 신 제 가   치 국 지 본

자기 몸을 닦고 집안을 가지런히 하는 것은 나라를 다스리는 근본
이요.

修 닦을 수 亻亻俏俏修修修

身 몸 신 ′ ′ 竹 竹 身 身 身

齊 가지런할 제 ′ ナ ホ ホ 斉 斉 齊

家 집 가 ′ 宀 宀 宇 宇 家 家

治 다스릴 치 ′ ′ 氵 氵 氵 治 治

國 나라 국 冂 冂 冋 冎 國 國 國

之 갈 지 ′ 之 之

本 근본 본 一 十 才 木 本

讀書勤儉은 起家之本이니라.
독 서 근 검　　기 가 지 본

독서와 부지런하고 검소함은 집안을 일으키는 근본이다.

讀	讀
읽을 독	ﾗ ﾗ ﾟ 訁 訁 訄 讀 讀 讀 讀 讀 讀
書	書
글 서	ﾗ ﾗ ﾖ ﾖ 聿 書 書 書
勤	勤
부지런할 근	一 十 廿 廿 苗 莒 堇 勤 勤
儉	儉
검소할 검	亻 伀 伀 伀 倫 儉 儉

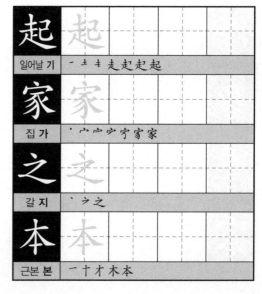

起	起
일어날 기	一 十 丰 走 起 起 起
家	家
집 가	丶 宀 宀 宁 宁 宇 家 家
之	之
갈 지	丶 之 之
本	本
근본 본	一 十 才 木 本

84

忠信慈祥하고 溫良恭儉하라.
충 신 자 상   온 량 공 검

충실하고 신용 있고 자상하며 온순하고 어질고 공손하고 검소하게 하라.

忠	忠			
충성 **충**	` ̀ 口 口 中 虫 忠 忠`			
信	信			
믿을 **신**	` ノ 亻 广 信 信 信 信`			
慈	慈			
사랑할 **자**	` ̔ ̔ 广 ⿱兹 兹 慈 慈`			
祥	祥			
상서로울 **상**	` ̄ ⼀ 示 礻 祥 祥 祥`			

溫	溫			
따뜻할 **온**	` 氵 氵 泗 泗 溫 溫 溫`			
良	良			
어질 **량**	` ̀ 구 彐 ⿱ 良 良 良`			
恭	恭			
공손할 **공**	` ⼀ 艹 世 共 恭 恭 恭`			
儉	儉			
검소할 **검**	` 亻 仆 伶 伶 伶 儉 儉`			

人之德行은 謙讓爲上이니라.
인 지 덕 행   겸 양 위 상

사람의 덕행은 겸손과 사양이 제일이다.

人	人			
사람 **인**	ノ人			
之	之			
갈 **지**	、ブ之			
德	德			
덕 **덕**	、ブ行行袢袢德德德德			
行	行			
갈 **행**	、ブブ彳行行			

謙	謙			
겸손할 **겸**	二言言言計詳詳詳詳謙謙謙			
讓	讓			
사양할 **양**	二言言計譚譚譚譲譲讓			
爲	爲			
할 **위**	、ブ宀尸尸爲爲爲			
上	上			
위 **상**	丨 十 上			

86

莫談他短하고 靡恃己長하라.
막 담 타 단　　 미 시 기 장

다른 사람의 단점을 말하지 말고 자기의 장점을 믿지 말라.

莫	莫			
없을 막	ᅳ ᅿ ᅿ 莒 莒 草 莫			
談	談			
말씀 담	ᅳ ᅴ 言 言 談 談 談			
他	他			
다를 타	ノ イ 化 他 他			
短	短			
짧은 단	ノ ᅩ 숙 矢 知 短 短			

靡	靡			
쓰러질 미	ᅳ 广 广 广 广 庐 庐 庶 靡 靡 靡			
恃	恃			
믿을 시	´ ʼ ſ 忄 忭 忭 恃 恃			
己	己			
자기 기	ᄀ ᄀ 己			
長	長			
길 장	ᅵ ᅡ ᅡ 厓 토 톤 長 長			

己所不欲을 勿施於人하라.
기 소 불 욕 물 시 어 인

자기가 하기 싫은 일을 남에게 하도록 말라.

己	자기 **기**	ㄱ ㅋ 己
所	바 **소**	ˋ ⺈ ⺕ 戶 戸 所 所
不	아닐 **불**	一 丆 不 不
欲	하고자 할 **욕**	ノ ハ 父 AF 谷 谷 谷' 谷' 谷' 欲

勿	말 **물**	ノ 勹 勺 勿
施	베풀 **시**	亠 方 方 方 方 施 施
於	어조사 **어**	亠 方 方 方 於 於 於
人	사람 **인**	ノ 人

積善之家는 必有餘慶이요
적 선 지 가　　필 유 여 경

선행을 쌓은 집안은 반드시 뒤에 경사가 있고,

積					
쌓을 **적**	一 二 千 禾 禾 秆 秸 積 積 積 積				
善					
착할 **선**	丷 二 羊 羊 羔 善 善				
之					
갈 **지**	丶 亠 之				
家					
집 **가**	丶 宀 宀 宀 宇 宇 家 家				

必					
반드시 **필**	丶 ソ 必 必 必				
有					
있을 **유**	丿 ナ 才 有 有 有				
餘					
남을 **여**	丿 𠂉 火 乊 午 自 飠 飲 飲 飮 飮 餘				
慶					
경사 **경**	亠 广 广 产 严 严 唐 廖 慶 慶 慶				

不善之家는 必有餘殃이니라.
불 선 지 가 필 유 여 앙

불선을 쌓은 집안은 반드시 뒤에 재앙이 있다.

不	不
아닐 불	一プイ不
善	善
착할 선	丷ㄹ羊美差善善
之	之
갈 지	丶ㅗ之
家	家
집 가	丶宀宀宁宇宇宇家家

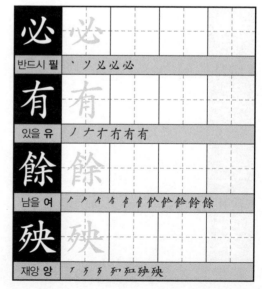

必	必
반드시 필	丶㇉必必必
有	有
있을 유	ノナオ有有有
餘	餘
남을 여	ノメ夫今今食針針餘餘餘
殃	殃
재앙 앙	一万歹如妼殃殃

90

損人利己면 終是自害니라.
손 인 리 기 종 시 자 해

남을 손해 보게 하고 자신을 이롭게 하면 끝내는 자신을 해치는 것
이 된다.

損	損						
손해 **손**	一 十 扌 扩 护 捐 捐 捐 損						
人	人						
사람 **인**	丿 人						
利	利						
이로울 **리**	一 二 千 禾 禾 利 利						
己	己						
자기 **기**	一 フ 己						

終	終						
끝날 **종**	㇀ ㄠ 糹 糸 紦 終 終 終						
是	是						
옳을 **시**	丨 日 旦 早 무 吊 是						
自	自						
스스로 **자**	㇀ 冂 冃 自 自 自						
害	害						
해칠 **해**	㇀ 宀 宀 宔 宔 害 害 害						

禍福無門하야 惟人所召니라.
화 복 무 문 유 인 소 소

재앙과 복은 특정한 문이 없어 오직 사람이 불러들인 것이다.

禍				
재난 화	二 于 禾 衤 祀 祀 祸 禍			
福				
복 복	二 于 禾 衤 福 福 福 福 福			
無				
없을 무	仁 二 無 無 無 無			
門				
문 문	I I' I'' I''' 門 門 門 門			

惟				
꾀할 유	八 忄 忄 忄 忰 惟 惟 惟			
人				
사람 인	丿 人			
所				
바 소	丶 丆 戶 所 所 所			
召				
부를 소	刀 刀 刀 召 召			

人倫之中에
忠孝爲本이니
孝當竭力하고
忠則盡命하라.

인륜지중
충효위본
효당갈력
충즉진명

인륜 가운데에 충과 효가 근본이 되니,
효도는 마땅히 힘을 다해야 하고
충성은 목숨을 다해야 한다.

兄弟姉妹는
同氣而生이니
兄友弟恭하야
不敢怨怒하니라.

형제자매
동기이생
형우제공
불감원노

형제와 자매는 한 기운을 받고 태어났으니,
형은 우애하고 아우는 공손히 하여
감히 원망하거나 성내지 말아야 한다.

父子有親하며 君臣有義하며
夫婦有別하며 長幼有序하며
朋友有信이니 是謂五倫이니라.

부자유친 군신유의
부부유별 장유유서
붕우유신 시위오륜

부모와 자식 사이에는 친함이 있고,
임금과 신하 사이에는 의리가 있으며,
남편과 아내 사이에는 분별이 있으며,
어른과 아이 사이에는 차례가 있으며,
벗과 벗 사이에는 신의가 있으니,
이것을 일러 오륜이라고 한다.

君爲臣綱이요
父爲子綱이요
夫爲婦綱이니
是謂三綱이니라.

군위신강
부위자강
부위부강
시위삼강

임금은 신하의 벼리*가 되고,
아버지는 자식의 벼리가 되며,
남편은 아내의 벼리가 되니,
이것을 일러 삼강이라고 한다.

(*벼리:그물 코를 꿴 굵은 줄 · 일이나 글의 뼈대가 되는 줄거리 · 사물을 총괄하여 규제하는 것)